Mecánica celeste

Rolando Sánchez Mejías
Mecánica celeste

Cálculo de lindes 1986-2015

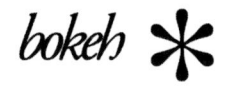

bokeh *

© Rolando Sánchez Mejías, 2016
© Fotografía de cubierta: W Pérez Cino, 2016
© Bokeh, 2016

ISBN: 978-94-91515-29-3

Todos los derechos reservados. Cualquier forma de reproducción, distribución, comunicación pública o transformación de esta obra sólo puede ser realizada con la autorización de sus titulares, salvo excepción prevista por la ley.

Punto muerto 7
A la salida del bosque 27
Pabellones 43
Cálculo de lindes 73
Cuaderno blanco 91
Dada la moneda 147
Máximas 167
Conjeturas para una relacion de lugar 177

Punto muerto

Cementerio de provincia

Es un espacio de piedras blancas que parece ser adverso a la naturaleza.

En el centro hay un árbol seccionado. Alguna vez le cortaron las ramas, la lluvia y el viento hicieron el resto y la corteza se petrificó lustrosa.

Es un árbol detenido en su camino al cielo, encerrado en su madera, absorto.

A diferencia de los cementerios de las capitales o de pueblos más enérgicos, éste no parece contener muertos, sino humus soterrado.

Es difícil captar la profunda relación entre el pueblo y su cementerio.

No está en las flores, en los vasos evaporados, en los familiares serenos y ligeramente contritos, en los caminos abiertos por los pasos de trasiego.

Tal vez se trate de la conducta de los vivos, que en el sopor de las tardes se repliegan en sus casas dejando el pueblo inamovible.

Punto muerto

La importancia del suicidio no está en la curva hermosa de la mano cerca de la sien.

Tampoco en la moral ni en la sabiduría que puede entrañar, el subvivo está solo.

El suicidio es el punto muerto.

La soledad golpeada por el espejo vacío.

La manecilla de un reloj de hielo.

El pájaro del movimiento frío en el aire frío.

La campanada del corazón ausente.

Estas palabras sirven a la poesía, que antecede al cuerpo roto.

¿Por eso admiramos a Nerval-de-la-nuca-partida?

Nerval-de-la-nuca-partida es el hombre despojado que cuelga despojado.

El instante vertical en la muerte vertical.

La máscara blanca de la palabra blanca.

Hay que buscar fuerzas para eludir la respuesta de gong entumecido.

Porque causa tedio anunciar el instante siempre derribado por la aversión al vacío (corazón que no afronta ser campanada del corazón ausente).

Porque estuvo el hilo arrollado al cuello.
Y por la astucia del cordel.

Lugar del que volvería para decirles que no había peligro.

Que no había tampoco tierra de promisión ni tiempo de promisión.

Es sencillo.

Como la astucia del cordel, sencilla, alrededor del cuello que se soporta con solemnidad.

Después la herida lateral, como si el cuello tuviera la importancia de un vasto pecho.

Porque la vida también es vasta y nos hace arribar al límite exacto.

Ahí donde nos detenemos y no nos volvemos locos de muerte.

Donde una orilla muere en la otra orilla.

Sin combate, sin pérdidas, sin preguntas ni respuestas.

Donde un sonido de gong se confunde con otro sonido de gong.

Canción

  el absorto pájaro en muerte
     como oblicua lluvia de dios
        extático

            en el viento

(¿no es el viento?
    ¿no es el viento?
        ¿en lo alto una canción?)

ah la vieja historia
    (ojo negro ventana negra)
       el páramo vacío

la colina desnuda
   y el árbol

       (signo deshecho)

          en el viento

y en el árbol

    roto

(¿pero quién canta

    quién canta?)

ah la bestia absorta

una vez más

en muerte

Derivas

Ciertos días se revelan
en una precaria gravidez que los hace disjuntos,
esquizos, como de infierno paradójico.

Días
con sus noches soterradas,
noches de corazón central
(corazón que sólo puede observarse
en determinados espejos, transversales y absolutos,
que cuelgan en cuartos de pobreza municipal),
también precarias pero menos perecederas,
debido, tal vez,
a la férrea nocturnidad
que las suele poner a salvo
aun en las peores circunstancias.

(Abro la ventana
(es el cuarto de Z.)
y bajo la restricción insular del cielo
emerge la noche.)

Días donde se redobla
el peso que se siente sobre la nuca al escribir,
peso que señala
indudablemente
la naturaleza de ese gesto:
servil,
    ineficaz,
        mortuorio.

Peso ambiguo
como deben haber soportado
los triviales funcionarios de Chejov:
cuerpos abandonados, de pronto, por sus sombras
que saltan a la pared
en ensimismada oscuridad,
ya perpendiculares al sueño,
ya en la exacta
dimensión del sueño,
mientras los cuerpos quedan sujetos
a las modificaciones del día,
expectantes de sus sombras, irrisorios,
enfrentando hojas en blanco.

(Ayer
mi sombra
en la pared de este cuarto
salmodiaba:

    «¿Es posible
    escribir
    después
    de Auschwitz?»

La respuesta
quizá sea
que después de Auschwitz
(y eso lo sabe mi cuerpo
que ahora practica una escritura fría,
inútil, olvidadiza de Auschwitz)
la moribundia,
aunque postergada y trabajosa,

es irreversible, total,
incluso antes de Auschwitz,
incluso en el ciego porvenir de olvido que abre Auschwitz,
lo que anula,
para siempre,
la posibilidad de no escribir).

Veamos
ahora
los ojos de Z.
Z. es la madre de un amigo.

Nuestras sombras en la pared
suelen discutir de metafísica.
Una vez
mi sombra le dijo:

>«La locura de tu madre
>es fatalmente
>una locura ontológica. Es
>la locura de la tierra misma. O si no
>fíjate como escarba en el arroz
>doblada sobre la mesa,
>ya perpendicular al sueño,
>ya en la exacta
>dimensión del sueño,
>mientras el dolor
>del corazón central de la noche
>resuena en su cerebro».

Los ojos de Z.
poseen la verdad

de lo que brilla más allá de la mente.
Puede decirse
que en las postrimerías del presente siglo
sus ojos guardan
la locura sagrada de un fuego helado
y un centelleo irreflexivo, locuaz,
como si el fuego girara desprovisto de órbita.

Mi hijo
ya me había advertido:

>«No me gusta
>la mirada de Z.»

Le pregunté:

>«¿Cómo es
>la mirada de Z.?»

Dijo:

>«Me mira aquí
>a la nuca
>y sin embargo
>es como si no me mirara».

Desde ese momento
me dediqué a escudriñar sus ojos.
Y ella
una noche
me sorprendió escudriñándole los ojos.
(Ocurrió ante un espejo:

mis ojos eran astutos, inmanentes, de rata,
y ella no lo dejó pasar por alto
en la confabuladora distancia de aquel espejo).

Al observarme
Z. tenía la clara transparencia
que vio Schopenhauer en su perro.
Aunque obtuso
y torpemente vertical
el cuerpo de Z. se recortaba
en la noche:
    unánime,
        feliz,
            trascendente.

Pensé:

«Z. ha perdido
incontables neuronas
bajo incontables manos de enfermeros
y su rostro
al final del camino
es la mismidad de la noche».

Z. me señaló la noche en el espejo
paralela pero indivisible con ella,
pues el corazón de Z.
pulsaba el cuerpo de la noche
y el corazón de la noche
pulsaba el cuerpo de Z.

Le dije

aún frente al espejo:
   «Su rostro, señora,
   es la mismidad de la noche».

Entonces
se oyó la risa salvaje, especular, indivisible
y
finalmente
la súbita
emergencia de la luz
me trajo de vuelta
a la fragilidad del paisaje.

                    (Jaruco, julio, 1992)

Nocturno

para a. ponte

En las calles de este pueblo uno avanza y tiene la certeza de que envejece en tramos cortos.

Son casas anchas, verticales y abrazadas en una fachada común, con una consistencia semejante al cielo negro que insinúan.

A su paso, se avanza en proporción directa a la muerte: de muerte en muerte, con el desasosiego que implica este nuevo conocimiento.

Jardín zen de Kyoto

Sólo un poco de grava inerte
quizá sirva para explicar
(al fin como metáfora vana)
que la dignidad del mundo consiste
en conservar para sí
cualquier inclemencia de ruina.

El monje
cortésmente inclinado
quizá también explique
con los dibujos del rastrillo
que no existe *el ardor*,
solamente el limpio espacio
que antecede a la ruina.

Alrededor del jardín
en movimiento nulo
de irrealidad o poesía
pernoctan
en un aire civil de turistas y curiosos
sílabas de sutras, pájaros que estallan sus pechos
contra sonidos de gong. Todo envuelto
en el halo de la historia
como en celofán tardío.

El lugar ha sido cercado:
breves muros y arboledas

suspenden la certeza
en teatro de hielo.

La cabeza rapada del monje
conserva la naturaleza de la grava
y de un tiempo circular, levemente
azul: cráneo de papel
o libro muerto
absorbe el sentido
que puede venir de afuera.

En la disposición de las grandes piedras
(con esfuerzo
pueden ser vistas
como azarosos dados de dioses
en quietud proverbial)
tampoco hay *ardor*. Sólo un resto
de cálida confianza
que el sol deposita
en su parodia de retorno sin fin.

La muerte
(siempre de algún modo poderosa)
podría situarnos
abruptamente dentro
y nos daría, tal vez,
la ilusión del *ardor*.

Como mimos, entonces,
trataríamos de concertar
desde el cuerpo acabado
el *ninguna parte donde hay ardor alguno*

en el corazón secreto
que podría brindar el jardín.

Pero hay algo
de helada costumbre
en el jardín
y en el ojo que observa.

Es posible que sea el vacío
(¿por fin *el vacío*?)
o la ciega intimidad
con que cada cosa responde
a su llamado de muerte.
Y esto se desdibuja
con cierta pasión
en los trazos del rastrillo,
junto a las pobres huellas del monje,
entre inadvertidas cenizas de cigarros
y otras insignificancias
que a fin de cuentas
en el corazón del jardín
parecen caídas del cielo.

Collage en azul adorable

La nostalgia por los límpidos establos de Dylan Thomas

1 clavecín 2 clavecines 3 clavecines acompasadamente

La vida en súbitas estaciones del alma o la incomunicabilidad de un místico

El furor de la lluvia en el purpúreo extremo de un cigarro

La casa de Lezama desde un taxi en la ventisca

Un soliloquio de tablillas de boj

Un símil como un beso helado como una luna en desorden

La visión por la poesía en ciertos segundos del alba

1 clavecín 2 clavecines 3 clavecines acompasadamente

A la salida del bosque

Eventum

Desde la ventana se deslizó la Mariposa Bruja. Acaeció de golpe y la neurosis (cómo mantener la cabeza serena ante las intempestivas inclusiones de la Naturaleza) le adjudicó esa proverbial suspensión del ser: *hueco negro... hoja de árbol seca irreal... sombra compacta... pájaro oscuro y deforme...*

Se desplegó junto a la máquina de escribir, sobre el mantel blanco. Ya real, como un signo poderoso, quedó quieta: en su fijeza de polvillo mental, alas tatuadas y gusano de carne.

Kosmos

    Vastas horas, de esa estirpe transilvana, vertical, tal vez, por fin, de las manos de un ferviente Deus Economicus. Pobrecita tierra, mordido el cuello de seda por el Ventrílocuo, en obscura letanía de cálamo absoluto. Impaciente, en el cielo, único signo: Sol-Pájaro, ardua arena (o detritus de nieve) que se desliza desde un Tibet de argamasa (molinillos, cifras, irreversible bong-po como lengua de fondo, etc., etc.). Pobre Terra, pobreza de Libro garabateado en la implosión vacua de un viento sinagogal. También perros (o zorros, o cuasi-perros: se desdibujan, por fin, contornos ónticos contra el horizonte) soñando, hincados de rodillas frente al alba, su Luna De Una Sola Cara.

La cripta

I.

El camino hacia la cripta es escarpado, peligroso, en una pendiente que aterra a los pies serenos. (El plano, de pronto, se hace insoportablemente inclinado.)

No obstante la resistencia inmemorial de la cripta, los ojos no cesan de velar desde los promontorios: calculan, allí, la fijeza del silencio y el secreto que podría guardar la cripta.

De día, la textura exterior de la cripta es como de piedra caliza, difuminándose, a la luz, sus contornos ásperos. De noche: una dureza calcárea, como la de un huevo sólido y estático y brillante*.

---

* Aunque antibarroco *par excellence*, el huevo no se enuncia, a manera de Absoluto, en el Claro de Bosque. Tal es su *potens* –su *energeia*, diría algún cuerpo gordo en duermevela desde los promontorios, sosteniendo, amenazadoramente, un hacha. Tal es, también, la resistencia con que la metafísica del Ovo busca cerrarse («sólido y estático y brillante»), como mónada, frente al exterior, y, por supuesto, frente a la escritura. La conversión del huevo en oro ocurre al final de la mente, o en alguno de los recovecos teatrales de la realidad: la *imago*, entonces, suele resultar bastante cara (v.g.: véase el texto «n», producido en puro derroche mental de oro y neurosis).

2.

(cántico del pelele)

En la cripta
ciego
viento subterra
clava la rata

Dedito clown
afuera
traza la letra
que mata

Ay voz
ay voz de médano
ay antivoz
evaporada

Lecturas

Gato, bajo la violencia húmeda de Cielo Moderno, oh
trazo de muerte
   –dijo uno
        ya en camino-

gatos patas arriba y
la Noche (con mayúscula, también inmoderada)
pesando sobre el vientre
       los flancos frágiles

ah escritura de advenimiento: qué desastre
   –dijo el otro
           (desencaminados ya)
     girando
(el otro)

su poderosa cabeza de romántico contra la bóveda.

A la hora en que la ciudad……………………………
………………………………………………………
………………………………………………………
………………………………………………………
………………………………………………………

Luego, bajo la lámpara, azarosa lectura: «*El trazo se encuentra al tope, allí donde la tierra oculta más densamente al Sol. Pero al retornar el Sol, es también el primero en quedar desenmascarado, mostrando, así, su tenebrosa naturaleza*».

Según me dice P.

    que habiendo yo rayado
                (lacerado, mejor dicho)
      (o si no
  pon oído:)

que habiendo yo roto la hoja con ellos
volubles signos
        (como si
        sobre esmeril
        toscas patas de grullas:
        to write to write to write)

que habiendo apenas podido deslizarse
allí donde
    no hay espesor sino sólo
        la ligerísima condición del verbo

                ah sino la equívoca
                    profundidad del cálamo

con esa ciega
        contracción del plectro
                intentaron torcer

la verdad de una nieve

            áspera y mental

A la salida del bosque

i.m. St. Mallarmé

Habría, a la salida del bosque, algún pensamiento virgen. Cierta sonoridad de plata, o blancura, conseguida, a duras penas, con el esfuerzo del cuerpo (de M. y los demás). Cierta pena, sobrevivencia del alma, por el esfuerzo. Y la Luna, que señala los vestigios de la lucha. También la inclemencia, sobria, de los árboles, blanqueados, el dorso, por esa Loca de la Casa, allá en lo alto. Cierta sonoridad de plata, o murmullo, al final, apenas inteligible, el pobre. Y el cuerpo, un viva por el cuerpo, se lo merece!

Simulacros

En los cadalsos simulados en la arena –artefactos de cáñamo, espejos y otras materias– transmiten una experiencia de la moribundia que puede sorprender.

Al preguntarles qué hay detrás de «las puertas», responden con el silencio ejercitado en largas meditaciones.

Pero el ardid termina con la noche, donde el tiempo de su carne es develado de simulaciones eternas, quedando solos en la arena, a merced de los cangrejos y las moscas.

Marcas

Han vuelto algunos desterrados, dando tumbos, la ropa raída, los ojos inservibles en un rictus animal.
En las aldeas juegan con metales y balbucean emblemas confusos, añorando los espacios salvajes que conocieron.

Viaje

Había remontado la corriente del río con la disposición del viajero que sabe de viajes inacabables, lentos, casi intemporales. (Con los chamanes había sido distinto: «bon voyage», pudo articular su garganta, atravesando como un pájaro el aire quebradizo y helado hacia lo que le dijeron que era el rostro de Dios.)

Al mediodía ve que se incendian las copas de los árboles y anota en el diario (la mano erra, apenas hay sentido): «el sol estalla en la copa de los árboles».

Prosigue el viaje, la errancia. En un destello contra el agua sorprende la barba que no enmascara los belfos de ídolo negro.

Ya al final del río (cierta quietud total le hace suponer que es el final del río) ve que la noche suprime las copas de los árboles. (No puede anotarlo: la mano y el papel se anulan en un movimiento único.)

Entonces su rostro, azaroso y veloz, se borra en la oscuridad, como si La Cuchilla Transversal De La Noche lo afeitara de un tajo.

Mecánica celeste

Ratas de campo (*rattus rattus frugivorus*), de costillas alámbricas. Los chinos las golpean con el canto de la mano. Entonces giran como trompos indefinidamente.

Analectas

Se trata, siguiendo el consejo de Confucio, de poner orden: primero en ti y luego en tu familia. Nada de esos niños que se suicidan, consecutivos y alegres, colgados de las lámparas. Ni de ese perro que adopta configuraciones ajenas a su perridad, degenerando en zorro u otra sustancia antipática. Ni de esa mujer –sí, tu esposa– que dispone en tus libros una caprichosa concepción de la Cultura. Pon orden en ti. Serena tu corazón.

Instrumentos

La guillotina es un instrumento producido por la lucidez occidental. Su corte indoloro y perfecto, la luz emotiva y a la vez fría que destella una milésima de segundo, la insinuación de vacío perfecto que logra el desplazamiento de la hoja: son razones más que suficientes para comprobar la aseveración inicial.

Los chinos no suelen emplear la guillotina.

La decapitación de un chino, por ejemplo, no podría ser contada con la simplicidad narrativa de un acta judicial; ni siquiera con la silogística compleja de un aforismo kafkiano. Un desajuste de la retórica produciría un desajuste en la conciencia de la nación.

El emblema TAJO, digamos, es postergado ad infinitum por la paciente acumulación de ornamentos, eufemismos e hipérboles.

Sólo en épocas de especial turbulencia, edictos que se multiplican como rayos en la vastedad china decretan la abolición de tal retórica ritual.

Entonces los signos cobran una agilidad simétrica frente a la realidad que designan: las decapitaciones, los golpes sordos en el cráneo y otras maneras de muerte alcanzan un *ethos economicus* que escribas de generaciones siguientes se encargan de conjurar.

Aporías

La escritura china resulta curiosa para los gramáticos por dos razones que los dividen:

a) el sentido que alcanza la escritura es compacto y continuo como una realidad única.
b) el sentido que alcanza la escritura es quebradizo y discontinuo como un colador defectuoso.

Los primeros aseguran que emblemas como SOL y ÁRBOL no sólo se sostienen entre sí sino que, además, su relación supone, al final del *proceso*, ambas pérdidas de identidad para integrar «un tercero real».

Los segundos sustentan que la distancia entre emblemas como SOL y ÁRBOL es inmodificable y que se sostienen entre sí sólo gracias a una «percepción en vilo» o *tour de force* de la mente; sustentan, también, que la relación entre ambos ideogramas se debe a otros emblemas («emblemas del hiperespacio») que se escurren o se evaporan en el vacío de papel que los divide.

Una tercera razón, prevista por ciertos anales heterodoxos, deroga las dos anteriores y explica que si-uno-se-fija-bien (un chino, v.g.), la sintaxis de la realidad, aunque incluye identidades como SOL y ÁRBOL, no puede relacionarlas *realmente* entre sí, pues no habría cómo fundamentar la subversión que ocurre entre un SOL irrepetible y la espejeante pluralidad de árboles.

Pabellones

Pabellones (1)

La enferma se pasea como un pájaro devastado. Es pequeña, voraz y su labio superior, en un esfuerzo esquizoconvexo y final, se ha constituido en pico sucio. Por otra parte (muestra el médico con paciencia): «esos ojitos de rata». Tampoco el director (de formación brechtiana) deja de asombrarse: «Perturba la disciplina con sus simulacros. De vez en vez logra levantar vuelo. Claro que lo haría simplemente de un pabellón a otro. Pero comoquiera, representa un problema para la Institución».

Pabellones (II)

La Guerra de los Pabellones empezó cuando la claridad se instaló en los pabellones de la parte Norte y la noche en los pabellones de la parte Sur.

En la línea divisoria, el doctor C. se divertía apostando banderitas en el campus:

Los enfermos, poco después de acabada la Guerra, declararon que no hubo ningún maniqueísmo, ni siquiera alguna vaga simbología supersticiosa en la distinción que provocó la Guerra.

Pero uno de los enfermos, al padecer de una afasia que lo hacía totalmente inexplicable, dibujó una bestia negra, gorda y obscena, que evolucionaba en los pabellones de la parte Sur.

El dibujo fue mostrado como advertencia didáctica en el enorme mural de la Institución.

Con el tiempo, los enfermos le fueron agregando a su antojo miles de atributos, entre risas y chasquidos de los cubiertos que enarbolaban rumbo al comedor.

El doctor C., a través de la ventana de su consultorio, observaba pícaramente el campus, donde retozaban, bajo el sol del trópico, entregados al azar de una pelota, los miembros del equipo deportivo.

Pabellones (III)

K murió de tuberculosis. Su laringe quedó ocluida y no podía hablar ni comer. Ni, por supuesto, cantar. Tomarse a pecho la cuestión del canto –como le pasó a Josefina– es contar con una laringe que funcione en cualquier circunstancia.

En algún momento K hizo un gesto para que le habilitasen la mano de escribir. Y ahí fue cuando se formó el show (*display or exhibit*) en el sanatorio. Ver a K tratando de escribir al mismo nivel de la laringe defectuosa. Verlo raspando y raspando –pobre pelele– la página en blanco.

Pabellones (IV)

La Caja de Orgones fue trasladada río arriba, derivando en el monte entre lajas y límpidas aguas.

En el embarcadero fue recibida por el Director, parte del personal burocrático y dos o tres rehabilitados.

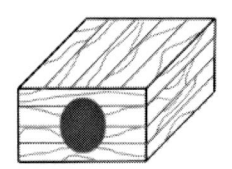

El Director ensayó un discurso: recordó a R., constructor de la Caja; recordó, también, los propósitos del artefacto, ya desvirtuados por el tiempo o la historia.

Al terminar su intervención, fue el primero en ocupar la Caja, con un viva del público: su cuerpo, obligado en el agujero, se arqueó blanda y lascivamente, mientras su risa, como en una cripta de cartón, se iba sepultando con el cuerpo.

Salió al poco rato. Le midieron la temperatura. Aprobaron el resultado con satisfacción.

Luego el artefacto fue manoseado por el personal burocrático. Los rehabilitados intentaron algún juego pero fueron desaprobados en el acto.

La Caja fue elevada a una sólida parihuela y conducida monte arriba hacia los pabellones.

Pabellones (v)

1-24   Pabellones
A   Dirección
B   Cuerpo de Guardia
C   Seguridad
D   Administración
E   Laboratorios
F-G   Comisaría
H   Sauna
I   Jefe de Bloques
J   Recepción
K   Teatro
L   Cancha de tenis

Pabellones (vi)

Hoy hemos recibido a P. en los pabellones. Su locura parece provenir de nuestros campos, modestos y soleados. P. tiene la mirada inmóvil y económica de una rata, forjada en la vanidad de una «pobreza digna» y las contemplaciones de un cementerio sobrio, que brilla en las tardes como una taza de cal. P. ha intentado muerte-por-soga en dos ocasiones: la cuerda, dos veces, cedió ante el cuello díscolo de un pavo o de un hombre demasiado rígido.

«*n*»

soy
la Nube soy
Vogelfrei soy

                el Viento Soy

El

      Que

            SOY

                  –q u é
              destreza
       verba explagiare

eh rhétoricians?

      ¿Y DONDE EL LOCUS?

-donde
el pájaro
estalla

sublime
y pone
en el rincón
nocturno
de mi mente
su OVO
de OR /

        (y heme   aquí   por fin
        ido ido
                lelo lelo
                        trá lá lá

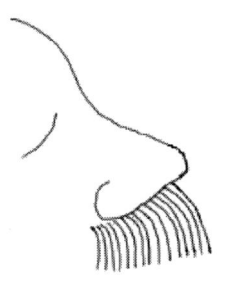

        pero péiname el bigote hermanita
        pero péiname el bigote hermanita
        bajo la sonrisa radiante de hielo)

        sí   pues yo
        estoy fuera
                              ¡FUERA FUERA FUERA!

    verdá Signor Rector de Solphía?

    fuera del mero embate
           de lo circunstante
                   in delirium syphiliticus

                    aunque ha sido
                para mi paupérrimo **dasein**

    una temporada *espantoooooooooooooooooooooooooooooosal*

                      ah

mis queridos vater pound y scarda
nelli y von henriette y nerval-de-la-nuca-partí

               intempestivo considero
          afeitado y luneciendo resplandezco
        cuando en mi horizonte surgen

¡IDEAS!

bajo la altitud esquizoconvexa de T

    -cánteme una canción
        cánteme una canción

                      -yo pudo

        no?

y vosotros
mis queridos salvajes de Occidiana

    ¿QUERÉIS LA PRUEBA DE LA OBRA?
    ¿QUERÉIS LA PRUEBA DE LA OBRA?

¿QUERÉIS LA PRUEBA DE LA OBRA?

«MEDIODÍA Y ETERNIDAD»
por
DIONISOS

-l'ouvre de frederik
nietzsche?))

pues decir que YO
tragasables de la metafísica
(llamenme *Nihil*)

                              que YO vi en Sils-María
glosolalicointemporarioversprechennnnnnnnnnnnnnnnnn
nnnnnnnnnnnnnnnnnnnnnnnnnnnnnnnnnnnnnnnnnnnnnn

                       que YO
                       jó jó jó
                tengo la CABEZA=

DAS NICHTS + MORFINA + DEUS ABSCONDITUS + PUS

                     que YO

-pero
       alcancemé
              otra compresa fría
                     monsieur

y te decía
con letra casi legible
mme. francizca salomé:

no tú no tienes la más remota idea
de estar unida
¿qué hora es Herr 1888?
con lazos estrechos ¡de SANGRE!
al hombre y destino
pero sírvame el menú sírvame la rata
en que se ha decidido

¡LA CUESTIÓN!

no tú no tienes herma
la menor
no

¿O QUERÉIS LA PRUEBA DEL DOLOR?

(en Turín efectivamente había frío
y una nieve espesa como lava quema
ah la semántica espesa de Turín
oh en mi cerebro de enebro arden

los semióticos caballos semíticos
en el campus
           en el campus
                      en el campus
....
....

heme sí
dioscuro en la absolutez distante

del corazón   a la chistera

(af. 156: *la demencia es en algunos*)

en el haz piramidal le me encontraron intacta la ovoide brillantez helada como si el tiempo tal vez la lucha por la gravedad tan necesaria para escribir a máquina tocar el piano esto en cuanto a la bío pues supra cráneo cielo virtual cuarteado es posible que la presión infinita del iluso desde el neopallum calloso como pierre dando la luna tres golpes de blancura contra la cubeta esos lóbulos abiertos el escalpelo en el aqua rasga un vector imposible de dolor en el corpus donde el pensamiento se escurre como linfa

        -y/o
alcanzemé ese libro enfer

(PERO QUIÉN

      CONTINÚA LEYENDO

            LOS PÁLIDOS SIGNOS?)

Pero

      al-can-ze-mé ECCE LIBER ENFER

         -mero
         donde el shock
         de la corazón
         tan incivil

              –cuán vertical!

Arqueología

Encontraron, al fondo de los túneles, ratas de metro y medio de largo.

Las alumbraron con linternas (los rusos dijeron *epa, epa*) y las ratas huyeron, bamboleantes y caóticas, sus ojitos rojos heridos por la luz.

Uno de los rusos pidió vodka y otro le dio vodka y entonces dijeron algo acerca de la realidad.

Intervenciones

Ya habías muerto, mucho antes,
de transhumanamiento o
en desacuerdo
con el Vasto Poder del Lenguaje,
muerto, es decir, vivo
en la dimensión
donde el tiempo
de la muerte
obstruye
el movimiento de la vida.

Y esto lo sabías
frente a un sol meridional:
las manos en los bolsillos,
la corteza dura de tu rostro
y la realeza de otros rostros
modificando el horizonte.

El tiempo olía a cebolla:
un crudo vaivén o deshojarse
de películas absortas, rápidas
y completivas como el muñón que
arma la presta mano médica.

Pero la cebolla (que es la Realidad!)
desmultiplicaba sus planos. Entonces todo
desde un principio
tuvo esa fatal ausencia de armonía.

Pero no es sólo esto,
no.

Si fuera sólo esto
sería menos complicado y
El Advenimiento
(la intervención del ser
o de cualquier otro trasunto como la escritura)
quedaría
por fin
en Completud.

Hay más cosas: bajo
un cielo convexo y frío
(cielo de post-tiempo)
henos allí avanzando, no ligados
por el Lenguaje, apenas
por el lamento
(la taigá, el lamento culpable de la matria*,
lobos, etc.).

Sí. Mucho menos
de lo que pensabas: la zona
obscura y tibia
de la lengua (que incluye la Lengua)
latiendo oportuna,
completamente, el cigoto
en la cavidad central del Tiempo,
puro imaginario de terciopelo,

---

* Hijo mío, yo que fui sólo vida / te he dado el amor de la muerte. / Naciera de la prehistoria la suerte / que por la furia de la masa enfurecida / sacude la cumplida historia.

leve y grave
allí, al alcance de la mano, diestra o
siniestra, en el letargo de silencio
todavía interior aunque casi suprahistórico

(como el movimiento
de las partículas
de un terrón de azúcar sobre la mesa).

También junto al fuego:
en la dilapidación
de cigarros y saliva,
la frente
proyectando
a la orilla del mar
un perfil salvaje,
la utopía entre ceja y ceja,
entre muslo y muslo el roce con la luna
y entrevisto
de golpe
el Sentido: la pasión,
la fuente donde manan,
una a una,
las palabras.

Qué metafísico, aún,
para nuestras sólidas esperanzas históricas*.

---

* El hambre, aún, es metafísica. Ayer, en la carnicería, hacíamos cola para el pollo. Esta vez fue un pollo traído de Guerlesquin, cuya novedad eran las gruesas capas de grasa. Los viejos observaban el pollo de Guerlesquin con la suspicacia helada y ávida de quien no excluye a Guerlesquin en la percepción y sí las novedosas capas de grasa del pollo de Guerlesquin. Aunque, de algún modo, ellos sabían (¿sentido común que proporciona la Historia?).

Pero no es sólo esto.
Ni en el deslizarse
de la muerte
a ras de asfalto
mientras la cámara no tomaba en consideración

los escasos segundos
en que se produjo el vaciamiento,
el segamiento de la vita:
la incompletud plenaria de un pecho
que rechina su corazón
contra un mundo todavía
cálido ....
....
....

¿Y qué nos sucedía de este lado?
¿También el Suceso?
¿La Intervención de la Otra Parte?
¿O sólo el fantasma del Eventum?

Aquí.

Más allá del como.

Absortos.

Como si la Historia
de súbito:

[   ]

¿Qué hay de todo esto
si no un rostro
en el vacío?

¿Qué hay de todo esto
si no un rastro
en la nieve?

¿Un trazo
sobre el asfalto
de escritura trágica?

¿Muy visceral todavía,
muy dentro fuera
todavía?

Y por si fuera poco
el Sol*
interviniendo
en la rigidez de tus pómulos
intrahistóricos aún!

---

* Termino de escribir este poema en la mañana. Por la ventana entra el sol. La escritura, hasta ahora casi ininteligible, va adquiriendo un vigor especial con la luz. «¡El sol también es histórico!», me digo en un rapto.

Problemas del lenguaje

I
Yo que tú
no hubiera esperado tanto.

Esperabas que yo fuera
a la cita donde hablarías de la palabra *dolor*.
De allá para acá
(el tiempo corre, querida,
el tiempo es un puerco veloz
que cruza el bosque de la vida!)
han pasado muchas cosas.

Entre ellas
la lectura de Proust.
(Si me vieras.
Soy más cínico más
gordo y
camino medio lelo
como una retrospectiva de la muerte.)

Yo que tú no hubiera esperado tanto
y me hubiera ido con aquel que te decía
con una saludable economía de lenguaje:
cásate conmigo.

(Ahora me esperas. Y yo
no sabría decirte nada

y tú
sólo sabrías hablar
y hablar
de la palabra *dolor*)
Cuando supe que el lenguaje
era una escalera para subir a las cosas
(uno está arriba
y no sabe cómo bajar
uno está arriba
y se las arregla solo)
decidí no verte más.

2

Nadie posee
una lengua secreta.
Ni los hopi
ni los dogones.

Nadie posee
una infinita reserva
de juegos de lenguaje
(¡corta es la vida
y el tiempo es un puerco!).

Voy a preguntarte
la función del color *blanco*
en nuestras vidas.

A ver si nos entendemos.

Heimat

                    a José Lezama Lima

No se vio ningún tártaro partir
la línea occipital del horizonte.

Ni un bárbaro de aquellos
jalando con sogas de yute
jabatos de peso mediano.

Ni tocando trompeta.
En el bosque.
A nadie.

Ahora
Lingua Mater sustenta y amortaja,
su boca húmeda y esponjosa
prodigándonos afectos para-
sintácticos y hasta
locales.

In situ: se sigue bailando
con o sin zampoña y se escribe
bellamente aún al compás de
y va escabulléndose
(va cayendo el telón)
uno con
la bípeda y/o loca velocidad que va dictando
el estado de las cosas.

Un registro de vozes tan amplio
quién te lo iba a quitar, menos que menos
a escribir, por ti, por los demás,
padre mío que nadas como un tonel
en la corriente brumosa de las palabras.

Ahora,
rema.

Es decir parte
y tápate las gordas orejas
y rema, rumbo al poniente.

(No escuches viejo chillar
en el canal que corta el mar
dichas ratas de agua dulce).

Silva

Me gustaría saber, de ti,
el parloteo de tu lengua,
que sangra, ves,
si se la muerde.

La pericia obscena de tu lingua franca
que mana de la empresa
(oh)
del corazón.

No hay lengua secreta (te lo dije)
ni sacra, a no ser que te quejes bajito,
como muge la vaca a la arboleda,
perdida ya.

Que se perdió todo,
sí, es verdad,
se lo llevó el viento todo,
va siendo la hora de borrar.

Así nadie salva, ni silba
a nadie, en ese silencio en que
te arden tanto las orejas,
de escuchar.

Cuando clamor se oiga dondequiera
(tú que escuchabas, oh, en la espesura)

y no se oiga ni una trompeta ni nada
de nada, nunca más.

Cálculo de lindes

1

Entre las partes
y el todo – ninguna
relación.

Sin embargo
se movía, astuto, *aquello*, a
ras de tierra interpretando
el Libro de Instrucciones.

2

La imposibilidad de moverse
en el vector de la vida: el bosque
resultó abrupto, inexplicable, sin espesor
los árboles en la cuadrícula del córtex
y en la cuadrícula del territorio
también sin espesor.

3

Primo: elegir
por azar
del anaquel
un cerebro de circunvoluciones mondas
ad usum

Segundo: cocer
la cínica cabeza de caimán
(cocer y cantar, incluso bailar)
con hilo y pegolín.

Tercio: ajustar
el sistema
a las variedades del inconsciente.

Así circuló por entre nuestras mujeres:
con la ferocidad del dinero. Muñeco,
no ángel: somos gente sencilla
y hemos visto rodar desde el cielo
estirpe semejante,
otros lelos
de frente trepanada
por el rodillo de la Naturaleza.

4

De las marionetas conservaría la inespecífica atracción por el vacío: series descentradas prolongándose en una maraña de modus operandi. Su *umwelt*, como el de las arañas: pura virtualidad.

5

en
una rápida volición

con
el puño abierto

casi sin sentido
pescar

cornejas en el
aire

6

vio
en el pasto
conjuntos discretos de vacas

extensiones vacías
de conceptos
en el pasto (pensó)

(no obstante
finalmente
vacas) pensó

mientras se borraba el pasto

7

Migrañas, etc.

8

Abrir
claros en el bosque.

Encima
negra nube de anófeles y abajo
-inter castaños– quebrar
gaznates de jabatos,
que husmean zurrones,
que muerden bellotas,
como él.

Entrambos –máquina y cerdo– una
solución para el cálculo de lindes
en tiempo de Movilización Total.

Visto de golpe, el asunto: empresas
de la Razón. O mejor dicho
visto el bosque
de conjunto: un
Dichtung.

Y en detalle
(intra bellota rota):
¡partículas de luz!

9

En la borrosa constancia de realidad.

Addenda. Vacas y ratas

Aquello que pasta sobre el pasto, *son* vacas. Pesadas máquinas de pastar, no hay dudas.

Sin embargo, podías haberte equivocado. Podías haber visto ratas en vez de vacas. Asentadas en el paisaje, como vacas: también pesadas máquinas de pastar, de producir ilusión, ¿qué produce el paisaje sino ilusión?

Sin embargo, en *cajas cerradas del pensar*, no entran ratas. A no ser que ya estuvieran dentro, o que royeran hacia adentro, ésa, su misión desde siempre, roer hacia adentro.

¿Cuánto vale una rata? ¿Cambiarías una vaca por una rata? ¿Una rata por una vaca? ¿Preferirías paisajes con ratas en vez de paisajes con vacas?

Por otro lado, a ningún campesino le gusta que le borren, así como así, su vaca del paisaje. Habría, anudado en el pecho del campesino, un canto salvaje, algo parecido a una revuelta del campesinado. Un campesino *sabe* lo que pesa su vaca; lo que vale su vaca; lo que representa su vaca. Su pensamiento ha estado a prueba, todo el tiempo, respecto a su vaca. La ha sometido a las más duras pruebas del espíritu, llenándola, y vaciándola, de sentido.

El Estado, como el campesino, aunque en otro orden del cálculo, saca sus cuentas respecto a las vacas. Las reparte; las agrega; las resume. Estacas. Cuartones. Vacas... Demarcaciones: de eso hay dondequiera, incluso en Estados no totalitarios.

Para fijar las vacas al paisaje están los poetas, se supone. A ningún poeta se le ocurriría decir: *tantas cabezas de ganado...* Para tal contaduría están los *otros*, se supone.

En la operación de *mostrar*, es decir de *esconder*, el poeta no dice: *tantas cabezas de ganado*... Para tal contaduría está el Estado, los campesinos, los otros, diestros en percibir dichos momentos del proceso, diría el poeta, fijando su demarcación. De ahí la ganancia correlativa. El poeta pensando que aquéllos, en la operación de *mostrar*, es decir de *esconder*, son un instrumento de hacer dinero, y aquellos pensando que el poeta, en la operación de mostrar, es decir de *esconder*, no es un instrumento de hacer dinero. De ahí la ganancia correlativa para ambos, o lo que es lo mismo, un problema sin solución para ambos.

¿Andas mal de dinero? ¿No tienes para comprarte una vaca? Si tuvieras una vaca, ¿qué te faltaría? Si tuvieras una vaca, lo tendrías *todo*. ¿O no te fijas que los campesinos apenas hablan, apenas emplean las palabras, a no ser que les falte la vaca, entonces el delirio del campesinado, el canto en el campo, un pensamiento obsesivo en relación con la ausencia de la vaca? Si no tienes una vaca, escribe.

Entonces sentarse a la mesa y escribir en un rapto: *La tarde en que...* Y ver en la prolongación de la letra la prolongación de sentarse a la mesa y escribir en un rapto: *La tarde en que...* Y suspender el sentido que no se muestra en la operación de *mostrar*, es decir de *esconder*, postergar la falla, las malas intenciones de coger al animal por las orejas y traerlo al principio del sentido, mucho antes de tener un pensamiento obsesivo de sentarse a la mesa y escribir como en un rapto: *La tarde en que...*

Y ver que el horizonte, por exceso de sublimidad, escamotea el sentido: punto de fuga por donde fugan las vacas, las estacas, los cuartones...

Entonces corregir el gesto, montar otra vez la máquina y escribir con la máxima precaución:

La
tarde
en
que

¡A nadie se le ocurriría decir que esto *no* es poesía; que esto *no* se parece a la poesía; que esto *no* funciona como si fuera poesía! ¡Sólo a un bienintencionado de las Bellas Letras se le ocurriría un pensamiento tan obsesivo como ese!: a uno que sí vio la vaca; que no lo dejaron sin la vaca en ningún momento del proceso; que no le escamotearon ni siquiera la imagen de la vaca en ningún momento del proceso.

Ratas, en vez de vacas. Conceptos huecos, en vez de *tejido de imágenes*. O lo que es lo mismo: la imagen del concepto. Producción de ratas. O lo que es lo mismo: ratificación de las palabras. Otro cuento de invierno; otra *Economía del Reino Animal*. Sólo vacas y su desplazamiento. Lapsus calami: sólo ratas que fugan de las *cajas cerradas del pensar*.

Pensamiento que N. trata de responder mientras se pasea por el bosque. Imágenes no faltan, en el bosque: zurrones, bellotas como criptas, senderos, acromegálicos extraviados, un árbol...otro árbol. Conjuntos discretos de árboles. En Jena los enfermos padecen de esa enfermedad, de esta *mala representación*: conjuntos discretos de árboles, dispersos en el campo de la mente.

¿Qué produce tal enfermedad? ¿Soportar, junto a la estufa sin fuego, las manos moradas, *pensamientos fríos como el hielo*? ¿El catarro que se pesca en el paseo por el bosque? Problema a resolver en un instante del proceso antes de que escapen los árboles por el fondo del bosque y el horizonte se abra en una línea dura que empieza a quebrar.

Desplazarse de un árbol a otro árbol, pensando cuánto vale una vaca. De un árbol a otro árbol, como un hombre se desplazaría, a diario, de la ciudad de Lützen a la ciudad de Potsdam, y luego de la ciudad de Potsdam a la ciudad de Lützen, o lo que es lo mismo de un árbol a otro árbol, buscando sostener, todo el tiempo, este tipo de pensamiento obsesivo: el cálculo de vacas.

Lo cierto es que para calcular el valor de una vaca (piensan los enfermos de Jena) habría que calcular, primero, el valor de *todos* los conjuntos discretos de vacas es decir abrir

un campo donde
pudieran caber
todos los conjuntos discretos de vacas;
y asegurarse
ahora
de que *todos* los espacios en blanco
entre los conjuntos discretos de vacas
no están cubiertos de otros conjuntos discretos de vacas
no hay vector que pueda avanzar
si toda la superficie está cubierta
o si toda la superficie está vacía

y
por otra parte
(piensan los enfermos de Jena)
no hay pensamiento que pueda llenar *todos* los vacíos
ni siquiera un pensamiento obsesivo
de un árbol a otro árbol.

Pero de un árbol a otro árbol no hay paisaje. El paisaje es imposible, de un árbol a otro árbol. No le cantes al paisaje. Porque no son reales. Detrás de un lindo paisaje se esconde…¡un poeta lírico! Uno que no ve estacas ni cuartones, que no ve el deterioro, la eterna sustracción de lo real.

No le cantes al paisaje. Escribir es salir de caza. No en tierras de la Casa del Ser, sino en el Callejón de las Ratas.

Ratas gordas, flacas, ojos afilados o blandos, caries en los dientes, risa bobalicona o de vieja comadreja: esa gente del campo, soñando con sus vacas expropiadas, lo mismo en Artemisa que en Guantánamo.

Una vez un campesino le dijo a otro campesino (que le debía una vaca al primer campesino) una adivinanza:

> Largo largo
> tieso tieso
> con el fruto
> en el pescuezo.

El segundo campesino no supo la respuesta y se ahorcó en una ceiba.

El primer campesino le dijo la adivinanza al otro campesino porque sabía que el otro campesino no sabría la respuesta y por lo tanto se ahorcaría. El segundo campesino no contestó, así no tendría que pagarle la vaca al otro campesino, y, como ganancia final, podría aparecércele de noche al otro campesino. Así las cosas entre la gente de campo, diría el maestro B. rascándose la cabeza.

En Lützen, una vez, quisieron exterminar a todas las ratas. Se produjeron, entonces, largas jornadas de exterminio de ratas. Al término de las largas jornadas de exterminio de ratas, no quedó ni una rata. Hasta que aparecieron ciertas ratas moteadas, especie nunca vista en Lützen.

Entonces la gente de Lützen le adjudicó, a la ciudad de Potsdam, el origen de dichas ratas moteadas. Pero en Potsdam nunca reconocieron dichas ratas como originales de Potsdam. Decía la gente de Potsdam: «Nuestras ratas son completamente negras, no moteadas, ni grises, ni nada por el estilo, son completamente negras», aseveraba la gente de Potsdam. Pero a nadie, en Lützen, se le pudo convencer de que una rata de Potsdam no se había deslizado de Potsdam a Lützen después de las largas jornadas de exterminio de ratas. A la gente de Lützen tampoco se le pudo convencer de que una rata de Lützen había vuelto desde Potsdam, una rata que tal vez se había marchado de Lützen antes o durante las largas jornadas de exterminio de ratas, rata que ya ahora estaba de vuelta en Lützen, según el criterio de la gente de Potsdam. Así las cosas por Potsdam, y por Lützen, diría el maestro B. rascándose la cabeza.

Cuaderno blanco

en medio del verano, nieve blanca
J. L. L.

si destapas
una caja
salta una

realidad

si destapas
otra caja
salta otra

realidad

un gato

por
ejemplo

sobre
la

nieve

un
punto

se
le divisa des-

lizándose sobre
la

       nieve

lejos
muy

      lejos

en la infinita
distancia

                blanca*

---

* Así, contra tanta blancura, como del Reino de Dios, y algo fuera de foco, un cínico con muletas, y su gato, y su mujer, también tropezando.

estriada por
trazos muy

        negros

huellas de
apenas la

altura de
una

pezuña

in illus temporis con
huellas de

lobos

en un contexto de
nieve y

sombra

una forma
que a través del espacio
habría de a-

                travesar

una línea
des-

nuda

y

dicha línea será
sustituida

por

otra línea
des-

nuda

es decir
reducir

números y
letras

en un
cuaderno

blanco

es decir la
trans-

formación en
mercancía o

la
meta-
morfosis de

la
mercancía en

un
quantum

donde

1
vara
de tela =

½
libra
de

té

y

1
vara
de tela =

2
libras
de

café

el
infierno

el
dinero

(dijo)

en el camino
de parís a

bruselas

trazos
muy

negros

en nombre
del

capital

es decir

primero cálculo
y luego

belleza

(dijo)

es decir

primero cálculo
y luego

espontaneidad

(dijo)

es decir que
había que
ras-

        gar

es decir que
para tener acceso a
las

cosas

o a la nada
que hay detrás
de las

cosas

había que
ras-

       gar

en cada fase del cálculo
una nueva
unidad

de medida

(dijo)

es decir abrir
un

hueco
tras

otro

en la terrible
y tiránica
superficie

semántica

como un
topo que
cava y
vuelve a
ca-

        var

no
como joyce

no
como mallarmé

(dijo)

es más
es menos
que joyce

es más
es menos
que mallarmé

es
muy
simple

(dijo)

vivir

      sufrir

           y morir

en poesía
sólo vale
la

forma

(dijo)

en poesía
la línea se
cierra y se
ex

    -pande

sólo vale

la
forma

calidad
y no

cantidad

nada anuncia
El Reino de Ar-

Monía

sin embargo
hay

ligamen

en algún lugar
aquí

        o allá

una gota
de

sentido

dijo to-
cándose la
cabeza con

un
dedo

toc

toc

toc

Dada la moneda

Brechtiana

Me gustaría
escribir

        por dinero

Como diría Marx
cambiar

mi fuerza de trabajo por

              dinero

A cambio de un poema
Brecht obtuvo un automóvil

(Un automóvil *Steyr*

    con sus cuatro

        gomas

                nuevas)

Brecht sabía conducir
(Era un hombre astuto)

Decía Ibby
(mujer)

      de Brecht:

«Le encanta

      conducir»

Brecht hizo versos para los obreros

Y también hizo versos
para ganarse
un automóvil

      Steyr

A veces logro vender
algunos de

      mis versos

Pero no es mucho
ni tan buenos

(Tiempos duros

    más o menos de

        desamparo)

No daría ni para una goma

Antropológica

    la carne de cerdo
    te hizo daño
    y anuló
    el compromiso

    no sé
    si sabías que
los tsembaga de Nueva
        Guinea
    en sus fiestas
    matan cerdos
    y más cerdos
    unas 15 000 libras
    que luego distribuyen

    ese día
    los tsembaga
y los enemigos de los
       tsembaga
    gimen bailan jadean
    es decir ciclos
    de paz y de guerra
    sobre
    montañas de cerdos

    te contaba esto
    para que supieras

cuánta economía
subyace
en el amor

Atributos

dios
no tiene particularidad

dijo el hombre
de la barba frondosa

dios no tiene
particularidad

ni tampoco
generalidad

dijo el hombre
de la barba frondosa

dicho esto
se tomó

su café con
leche

y se calló
la boca

Dada la moneda

Cappi y Diabelli

        (editores)

  estafaron a

          Schubert

Schubert que
  cuando murió

      valía

   63 gulden

        («algunas viejas músicas»,
                etc.)

63 gulden no es mucho
pero pueden costear

      un pasaje al

            Leteo

  dada la
  moneda

  («un estado más
    puro y

      fuerte»)

  parecía

       música

La poesía...

la poesía
un escarabajo patas arriba

el estómago
color oro

ridículo verla patear
sus argumentos de escarabajo

sin embargo
cierta belleza hay

en sus menudos ojos
vueltos hacia dentro

oscuros o vacíos
tienen los ojos los escarabajos

oscuros o vacíos
los mundos con que sueña

Polites

Floris
No ama a Lesbia
Que no ama a Cleo
Que no ama a Cintia
Pero las tres
Aman a Doris
Que no ama a ninguna de las tres
Pero que ama
A un efebo presuntuoso
Que sólo se ama a sí mismo
Y que se entrega por dinero
Al feo comerciante Gracus
En épocas de inflación

Como en Grecia

En la Habana
Como en Grecia
Meses de horrible calor.

Pero al poeta (fin de siècle) Casal
Aunque vistió en su cuarto kimono de seda
Y adoró falsas flores de loto y abanicos de laca

Y aunque frecuentó chinerías
Y jarrones (muchos falsos)
De Japón

Jamás se le ocurrió
Como al hijo de Kika
El pícaro de Artemón

Llevar en la calle sombrillitas de marfil
Mucho menos pendientes de oro
Ni una vida de bribón

Catulo

Ay Catulo
¿Viene sólo de tu culo
Esa cínica adicción
Herir con fiero verso
El ajeno corazón?

Odio
Y amo. Dices
Afligido.

Y entre sangre de gallo
Ofrendas y libaciones
Pides que tu arte cante
Amistad y perfección.

Pero vuelves
A los dardos envenenados.

Cuando trepes el Monte Parnaso
Ten cuidado que las Musas
Que te concedieron el don

No te caigan a palos
Al dividir la poesía
En amor y destrucción.

Aquellos a quien heriste
No sentirán dolor.

Vida de familia

a la orilla del Sena
al viejo Mallarmé se le congelaban los

dedos
se le ponían ateridos

cucurbitáceos de hurgar en la nieve
de la página en blanco

o en la nieve
del jardín de la casa

acércalos al fuego
le decía Madame

de Mallarmé
o ponlos en mi regazo

había paz
había calor

y los dedos tintineaban
contentos contra el vacío

Pushkin

Pushkin
El gran poeta ruso
Decía: Cuánta sangre
En una mujer!

Partos!
Abortos!
Ríos menstruales!

Vio nacer a su hijo
Cubierto de sangre
Y dijo: Es un feto
Horrible cara de pez!

Solía visitar
Los burdeles de Sant Petersburgo

Y las camas
De muchas damas

Llegó a la conclusión
Que entre tumba y vagina
No hay ninguna distancia

Sólo eterna
Devoración

Murió
De una herida

Tal vez aquella tarde el poeta
No midió correctamente los pasos. O el francés
Disparó muy bien

¡Cuánta sangre
En la vida!

¡Cuánto amor!

¡Y qué cruel!

Fecundaciones

a S. P. W.

Fecundidad, tu nombre es mujer, podría haberse dicho, y no fragilidad. Pero las palabras son frágiles: se tuercen al menor esfuerzo.

Hay una mujer que hila una rueca en el cielo y del cielo llueven palabras. Chorrean las palabras, la tierra se empapa, los hombres se tragan las palabras, son fecundados por las palabras.

Un hombre sube una escalera y se queda atragantado mirando las piernas de una mujer.

Otro hombre sube una escalera, llega al borde y se lanza pensando en una mujer.

Una mujer, o varias, –y también un hombre, o varios– sienten vértigo en las escaleras.

Hay un rótulo que deberían llevar todas las escaleras: «Cuidado, al subirlas y al bajarlas».

Variantes neo-clásicas de escaleras: de bizcocho y de palabras.

Aconsejan las madres a los niños: «No jueguen en las escaleras».

Un hombre muy gordo iba subiendo una escalera y mientras subía resoplaba y pensaba, y se sentaba, cada diez o doce escalones, y subía y resoplaba y pensaba, y se sentaba, cada diez o doce escalones. ¿Qué pensaba? Nada, palabras sueltas. O sencillamente: nada.

Para pintar escaleras se necesita: un alma muy grande y a la vez chiquita. Sólo los niños –y los locos– pintan buenas escaleras.

La mujer y su alma o la escala de valores de cierta idea de la belleza. Vacía y llena su contenido. Vacía y llena su contenido. Como la mujer que hila la rueca.

Dice *ella* que con estas palabras se puede tejer un mundo: *fugaz, piedra, ventura, alambre, salto, caterva, vibrante, muladar, rotura, cortar, mojada, horizonte, tempo, rozar, solecito, cojín, trazo, caminero, freír, vuelta, temblor, coronilla, entropía, revuelta, cuervo, síncopa, ropa, atolondramiento, ángulo, carraspeo, membrana, rigodón, quizás, tenedor, fuerza, brote, frío, vector, uña, lodazal, vacuola, cornucopia, hueco, lumbre, deseo, artefacto, migraña, palo, conjugar, vómito, tibieza, sorpresa, albaricoque, cuadrícula, ventolera, yerba, pivote...*

«Para aprender a dibujar una flor, lo mejor es poner una planta florecida en un hoyo profundo y mirarla desde arriba» (Kuo Hsi, 1020-1090 d. J. C.)

«Qué es "mirar"? Es la luz de los ojos brillando espontáneamente, los ojos que miran hacia dentro y no hacia fuera».

La visión que tuvo Jacob: ángeles bajando y subiendo por una escalera.

Una vez Freud iba subiendo una escalera y se le ocurrió una idea. Cuando bajó, y ya la había olvidado.

Hay una escalera –pitagórica, o masónica, o tal vez maoísta– que tiene 7 peldaños:

Justicia,
Bondad,

Humildad,
Fidelidad,
Trabajo,
Formalidad,
Magnanimidad (¡con Visión Inteligente!)

Hay escaleras de un solo peldaño.
Hay escaleras de infinitos peldaños.
Hay escaleras que no conducen a ninguna parte.
Escalera de caracol: la que se desarrolla verticalmente en forma de hélice.

Cuando las escaleras conversan lo hacen en silencio.
Las escaleras son lugares propicios para decir adiós.
Corta las palabras, pégalas, sube o baja por tus palabras, y por las ajenas.
Peldaños.
Cualquiera puede tener una visión.
Hay una flor en medio de tu mente.
Asciende hasta ella.
Y consérvala.
Por amor de Dios, consérvala.

Máximas

a veces estás
vivo

a veces estás
muerto

pero no hay peor cosa
que ser un muerto vivo

una vez más
poesía

ahora el corazón
más seco y

silencioso

una vez
que la muerte llega

acógela en
tu regazo

tibia es
la muerte

no fría
no fría

te han
engañado

es un abrazo

como dijo Sem Tob
ablanda la palabra

y tu alma se convertirá
en cosa dulce y sabrosa

no fomentes rebeliones
ni contra los Dioses
ni contra el Estado

y mucho menos
en tu propia casa

inútil luchar
contra el Cielo

inútil luchar
contra el poder de la Tierra

inútil luchar
contra una mujer
que se encabrita como una yegua

cuando el padre está vivo
observa las aspiraciones del hijo

cuando el padre está muerto
observa las acciones del hijo

dices que hablas
con tu padre muerto

palabras
que no comprendes

quizá seas tú
y no tu padre

quien en verdad
está muerto

palabras no siempre son
palabras

caballo por
ejemplo

corcel
o alazán

no te quepa duda
puedes montar

sin embargo no cabalgues sobre las
palabras

dices caballo
y no siempre sale espuma por la boca

sé
silencioso

sé
misterioso

pero no seas enigmático
como ciertos perros que no ladran a la luna

Conjeturas para una relacion de lugar

Ahora está lloviendo...

Ahora está lloviendo y están sonando las campanas. Está lloviendo afuera, en el bosque, y dentro (en mi cansancio) está lloviendo como un cántaro vacío. Miro por la ventana y allí hay una casita (¡entre los árboles!, ¡entre los árboles!).
Pero en la casita tampoco está pasando nada. Hay un perro que ladra. Pero el sonsonete no viene de la casita. Perro que ladra con su badajo de garganta rota, de fumador.
Perro que ladra no muerde, no vive, no vives, me dices ahora que apareces –tú, que no formabas parte del paisaje.

Si se posara una mosca...

Si se posara una mosca en la escritura, en el tramo de sentido abierto por la mosca, te descubriría. Las pataditas de la mosca no se oyen sobre el papel, aunque son ásperas y zumbonas como las palabras.

Mosca burlona y bailona que se posa sobre el papel como tú te posaste sobre mi hombro, encorvando el alma.

Ven, estimula esa porción de mi oreja que se quedó ciega escuchando las partes mudas de la vida.

Y déjame entrar en ti —esto que soy yo ya no penetra tan hondo, hasta el fondo, de aquello que llaman realidad.

Hay un lugar real...

Hay un lugar real –o mental– donde podría vivir contigo. Juntamente, se llamaría ese lugar, o más bien esa relación de lugar.

Lugar real donde me lavo las manos, o mental donde –lavándome también las manos– no escaparia de la inversión de lugar.

Mira cómo la luna pende de las palabras.

Mira la luz escapándose del lugar donde se libran las palabras abriendo poderosamente los labios, las valvas del hablar.

Piensa en mi como yo pienso en ti, dice el bolero.

Piensa en mi como yo pienso en ti, dice un pajaro a la caterva de pajaros inmortales, inmorales, si es que pájaro, hablando con pájaro abriera –juntamente-, un pico con otro.

Yo tampoco...

Yo tampoco miro cara a cara la verdad.

Tú tienes los ojos como el fondo del fondo de una botella.

Tú caminas como una botella, la parte ancha contoneando la tierra, la parte estrecha bizqueando pajarera al cielo.

Tú pareces loca o estás loca o yo estoy llevando las cosas al extremo, o estoy –qué duda cabe– loco.

Mientras no te besaba, me mareaba, y si te besaba, me mareaba, como una carta blanca de marear –esas cartas, amor, que como dice el poeta, ya no se escriben.

Atravesado en el gaznate...

Atravesado en el gaznate, una gota de sentido. (Iba a decir de delirio). Un bloqueo laico, dejado ir a la impericia de la raza, que lo atesora como un muñón.

Uno anda por el bosque como un inválido (*be hinda*!, *be hinda*!, gritan los pájaros socarrones), aminorando la marcha junto a una pérgola –vacía– también envarada en pensamientos de retorcidas glicinas.

¿Cómo sostener una idea en medio del bosque? Sentimientos, sí. Sentimientos sí se oponen a la pérdida general de sentido, simultáneos que en pareja de a dos, o de a mil, se ocultan –flores ciegas– en la maraña abierta por el boquete de luz.

Uno anda como un iluminado, a veces. Pero en los bosques no se levita. Se invita a que sigas de largo y te lleves tus instrumentos de muerte, si es que ibas de paso.

En la habitación...

En la habitación hay un cuadro de dos metros de largo. No está bien pintado. Quizás fue hecho con apresuramiento (alguien tenía que irse, o llegar, o el pintor era sencillamente mediocre). No sé cómo se llama ese verde, abstracto que con un poco de blanco (también abstracto) que viene de la ventana (del cuadro) hacen de la pintura una imposible «reflexión sobre el verde». O del blanco.

¿Se puede reflexionar sobre el blanco? Estoy sentado del lado de acá, pensando, no totalmente en el cuadro, porque tengo una parte de la cabeza puesta en el cuadro y otra (otras) en un lugar o varios a la vez. En uno de los lugares me espera una mujer.

Me está mirando con su pobreza de verde oro en los ojos. Dice: «¿Por qué no regresas? Yo te enseño el camino».

¡Tantos años y no encontré el camino! Verde abstracto y blanco abstracto, el pintor dejó correr un poco la pintura, o raspó, raspó después para que los muebles –una lavadora, un estante para enseres de cocina, un micro (sobre rueditas) sobre otro estante– chuparan un poquito de la sustancia que corría, como leche –abstracta– desde la ventana.

Yo sigo pensando, pero ahora mis ojos están puestos en otra cosa.

Sobre la necesidad de sonreír

una sonrisa
en un campo de trabajo
lleva un alto
gasto de energía

así lo cuenta Gao Er Tai
escritor y pintor y «des-
viacionista de derecha»

en vez de contar
historias de zorros
apoyados a un árbol
con sus patas traseras
observando la tarde como chulos

o historias de hombres
que viven hacia el Este
el pecho agujereado
o de hombres
llamados «fatigados»

que han perdido el arte
de penetrar en lo oscuro
el arte
de producir con los versos
sonidos de perla y jade
perdido el ritmo y la prosodia

acumulado el cansancio
al arte de hacer brotar
textos como ríos
el arte
incluso
de responder a fáciles enigmas como

¿cuál es el ave
que durante tres años
no vuela ni canta?

o de aquellos
que tienen una sola mano
y un solo pie
las rodillas invertidas
o fracturadas quién sabe

o historias de lobos
agazapados o sentados
entre pilas de huesos
esperando su siglo o su segundo
sus intenciones semi ocultas

o de cómo Ding el Cocinero
que de uno o varios golpes certeros
desata la estructura corporal de la res
hay intersticios y junturas
discretas insinuaciones
de naturaleza letal
donde el cuchillo penetra
como el soplo vital

cuenta
Gao Er Tai
que en un amanecer común y corriente
el sol se levantó apenas luminoso
un sol rojo y oscuro y muy redondo
pegado como un ojo
a la extensa franja del horizonte
y aparecieron
en aquella corteza terrestre
numerosas sombras azuladas
largas y sutiles
y una caterva de seres vivos
que arañaban ligeramente la superficie estéril de la tierra

cuenta
que se movían lentamente
marcando gradaciones de altura
sin embargo entre uno y otro
paso se alejaban
cada vez más imprecisos
como se aleja
supongo yo

una imagen de otra si entrambas
hay apenas penetración
como esos ríos
que de tanto no fluir se vuelven rojos
que de tanta obstrucción
sus piedras sólo lloran
lágrimas de sangre
que van a dar a la mar

si no hay penetración
y cunde la obstrucción
si las imágenes
carentes de viento y hueso
ávidas de inexistencia
o de pérfida insistencia
se aniquilan entre ellas
en su baile infernal

cuenta
Gao que
se alejaban
aquellas figuras
(si es que eran figuras)
hasta fundirse con el sustrato
del indiferenciado y vago
caos primitivo

y sin saber por qué
se sintió de pronto lleno de estupor
pensó que alguien recién llegado
que no supiera nada de la situación
se quedaría un buen rato
de pie ante aquel paisaje
inmóvil, boquiabierto
y presa del pánico
pues aquellas sonrisas
extrañas, congeladas
podían ponerle a cualquiera los pelos de punta

(como a Mandelstam
se le pusieron

los pelos de punta
cuando vio en la nieve
del gulag deslizarse
una araña muy negra)

y cuenta
que ningún arqueólogo en el futuro
encontraría explicación
para aquellas fosilizadas
y singulares expresiones
de innumerables rostros soterrados
tal vez el rito secreto de una secta
ponderarían los arqueólogos
que en los últimos momentos se portó
de manera bastante irracional
una raza exterminada
en aquellas bárbaras
tierras fronterizas

o
según Gao
llegarían a la conclusión
que era un caso similar
al de las achatadas cabezas mayas
o a las máscaras de Nueva Cale
simples y extravagantes
metáforas culturales

aunque mirándolo bien
resume el escritor y pintor
no cabe ningún reproche:

*¿cómo interpretar
un signo misterioso
si saber siquiera
la historia de su formación?**

---

* A partir del relato autobiográfico de Gao Er Tai.

Donde tiene lugar la escena

a P. Marqués de Armas

No en Kulikovo exactamente, palabra que suena como pezuña de cerdo contra la piedra. ¿Entonces dónde, *exactamente*?

Tal vez donde se sueña, o mejor dicho: donde se sueña como si sonara, el arrastrarse ininterrumpido de la letra. Tal vez en F.

Si escribes como rayas, si raspas hojas en blanco, pasan estas cosas. Que no son –pero son– del alma. Que no brotan, del corazón, así como así.

¿Y de dónde brotan las cosas que no que no brotan del corazón así como así? Como diría B., se piensa como se sueña, y es frecuente soñar en una lengua extraña.

Raspas el córtex y no encuentras razones suficientes. Raspas el córtex y brota una población ininterrumpida de chinos-helmintos, antibarrocos *par excellence*, chinos-coolies, pobreza del mensaje que traen y que llevan.

Para escribir poesía, hay que apretarse la cabeza. Cabeza monda como *única realidad*. Los puños contra las sienes. Dolor. Dolor de cabeza. La poesía es un dolor de cabeza.

Tuvo lugar dicho fruncimiento. Tiene lugar. Tendrá lugar. Dolor de la Historia, o de tu historia. Tuvo lugar en la Engadina, por ejemplo. Allí vieron a un cerdo que caminaba como un hombre. Un cerdo con aires de pensador. Un hombre con sus altibajos. Arriba nubes. Entonces el hombre dijo, orinando contra un árbol: *En uno y otro sentido, no debemos ceder en la intensidad.* Fue dicho como en prosa, y resonó en el bosque –como en verso– de extraña manera.

Pound

Cuando tomaba sopa
Le brillaban más intensamente los ojos

Hizo o rehizo
Poemas chinos y leyó a los griegos
Y a Guido (Cavalcanti) y
a su amado Propercio.

Quería versos fuertes,
Vigorosos.

Casi
Cosas.

Sin olvidar:
Música,
        destreza
                y dicción.

T. S. Eliot dijo de él:
«Il miglior
       fabro».

Robert Graves:
«Un *pedante*
       desvergonzado».

Ginsberg (que lo visitó
Y pidió su bendición):
«Nos enseñó
 el camino».

Con los años su barba gris
Se parecía y no se parecía a las demás.

Desbarró contra la usura
Y contra una porción de la raza

La guerra terminó
Y lo encerraron en una jaula
(1.80 x 2m) iluminada
Por un reflector.

«No apto para ser juzgado:
 mentalmente
 insano.»

En el manicomio de San Elizabeth
Tiempo de sobra (12 años) para escribir
Y practicar
 el silencio.

(«La belleza
 no es locura»)

Inventario:
1 caja de galletas

7 pañuelos
4 toallas
11 camisetas
2 pares de pantuflas
6 pares de medias
1 par de zapatos
2 camisas
1 par de calzoncillos
Y otras menudencias
Más.

Murió a los 87 años.

Canto CXX:
Quise escribir el Paraíso
No os mováis
      Dejad hablar al viento

            Ése es el Paraíso

Se ha ido acumulando

Se ha ido acumulando.

En realidad no hay dolor,
no puede haber dolor
detrás del dolor.

Detrás del dolor
no hay nada,
dicen los monjes budistas.

¿Y detrás de la nada?
No hay nada,
dice el sentido común.

Se ha ido acumulando.

No me está pasando a mi.

A mi me está pasando otra cosa
que no entiendo
ni entiendes.

No me está pasando a mi,
ni a ti,
ni a nadie.

Detrás de la nada
no hay nada.

O hay todo,
depende.

A mi me está pasando otra cosa.

Ven,
te le voy a decir.

Se ha ido acumulando.